技工院校通用职业素质课程实验

信息检索与处理教案汇编

杨琼　主编

中国劳动社会保障出版社

简介

本书是技工院校通用职业素质课程实验教材《信息检索与处理》的配套用书。本书紧扣教学要求，内容编制依照教材章节顺序展开，共 4 个单元，含 8 课以及 3 个综合探究实践活动。每课（综合探究实践活动）有 1~2 个教学设计供教师参考。

本书由杨琼主编，崔淑会、任丽娟、方红、陈陆军、穆伟明、张彩慧、申华、史恒杰、温蕾、李萍参加编写（参编人员按所编写内容顺序排列）。

图书在版编目（CIP）数据

信息检索与处理教案汇编/杨琼主编. -- 北京：中国劳动社会保障出版社，2021
技工院校通用职业素质课程实验
ISBN 978-7-5167-5104-6

Ⅰ.①信… Ⅱ.①杨… Ⅲ.①信息检索-教案（教育）-汇编-技工学校②信息处理-教案（教育）-汇编-技工学校 Ⅳ.①G254.9②TP391

中国版本图书馆 CIP 数据核字（2021）第 242077 号

中国劳动社会保障出版社出版发行
（北京市惠新东街 1 号 邮政编码：100029）
*
北京虎彩文化传播有限公司印刷装订 新华书店经销

787 毫米×1092 毫米 16 开本 3.25 印张 57 千字
2021 年 12 月第 1 版 2022 年 5 月第 2 次印刷
定价：11.00 元

读者服务部电话：（010）64929211/84209101/64921644
营销中心电话：（010）64962347
出版社网址：http://www.class.com.cn
http://jg.class.com.cn

目　录

第一单元　认 识 信 息

第一课　信息概述教学设计

<table>
<tr><td>教学单元/课</td><td colspan="4">第一单元　第一课　信息概述</td><td>授课教师</td><td>崔淑会</td></tr>
<tr><td rowspan="2">教学对象</td><td colspan="2">授课专业</td><td>授课班级</td><td>学生人数</td><td>课时</td><td>2（90分钟）</td></tr>
<tr><td colspan="2">制冷、安装</td><td>高级班一年级</td><td>55~60</td><td>总课时</td><td>40</td></tr>
<tr><td>教学资源</td><td colspan="6">计算机、手机、网络、投影仪等</td></tr>
<tr><td rowspan="2">教学内容分析</td><td>教学内容</td><td colspan="5">信息的概念和价值、信息的特征、信息的种类、信息素养</td></tr>
<tr><td>地位与作用</td><td colspan="5">信息概述是本模块的开端，也是其他内容的基础，偏重于理论基础的认知。因此，本节课内容的掌握程度直接影响学生后期学习的效果，对于全模块的学习起着至关重要的作用</td></tr>
<tr><td>学情分析</td><td colspan="6">大部分学生内敛、不善言辞，渴望成长和提升；动手能力强，不喜欢学习纯理论；拥有初步的信息检索、使用技能，但尚未升华到理论高度；缺乏信息甄别能力和信息素养</td></tr>
<tr><td rowspan="3">教学目标</td><td colspan="6">知识目标：
1. 了解信息的概念和价值
2. 掌握信息的特征</td></tr>
<tr><td colspan="6">技能目标：
1. 能指出具体的案例和生活实例反映出的信息特征
2. 针对收集到的具体信息，能确定其所属信息种类</td></tr>
<tr><td colspan="6">情感目标：树立信息意识，提升信息素养，重视信息处理能力</td></tr>
<tr><td rowspan="2">教学重难点</td><td>教学重点</td><td colspan="5">信息的价值和信息素养</td></tr>
<tr><td>教学难点</td><td colspan="5">认识并利用信息的特征</td></tr>
<tr><td>教学方法</td><td colspan="6">讲授法、案例法、综合探究法</td></tr>
</table>

续表

教学过程				
教学环节(时间)		教师活动	学生活动	设计意图
课前准备	准备 (2天)	1. 组织学生成立学习小组 2. 选拔并培训学习成果监察委员会成员 3. 制作、印发学习通信息汇总表与活动评价表	自由组合，完成选拔和培训 研究信息汇总表和评价表指标	分工协作，激发学生兴趣，为后学内容做准备
课前	导入 (3分钟)	设问引导学生思考作答： 1. 大家常用的搜索引擎或者App有哪些? 2. 搜索引擎或者搜索App的作用是什么? 3. 想象一下，现实生活中如果没有手机、电话、计算机、书籍，会是什么样子?	学生思考回答： 1. 百度、搜狐、谷歌等 2. 搜索信息、发现新事物 3. 无聊、无趣，认知面狭小……	引导学生认识信息，初步意识到信息的作用，引出课程内容
课中	讲授 (4分钟)	那么，什么是信息呢? 信息 广义：人类社会传播的一切内容 狭义：用语言、文字、数字、符号、图像、声音、情景、表情、状态等方式所传递的内容 我们搜索出来的信息有什么作用呢? 教师先要求学生回答再总结概括信息的作用	学生思考回答： 答疑解惑、学习知识、提升技能、参考借鉴、娱乐休闲……	引导学生理解信息的概念，掌握相关知识
	自主学习 合作探究 (38分钟)	生活中，我们是如何收集和使用信息的呢?我们现场体验一下：请同学们先快速阅读教材第3~5页的内容，然后完成小组活动探究。 用PPT展示9位体育明星的名字 小组长利用投影仪向全班展示	各学习小组组内分工协作：每组选择一位体育明星，利用互联网对其成长背景、历次战绩、最近状况等情况进行搜集，并收集有关图片（保存在相册）。小组按表格完成对体育明星信息的收集、汇总和说明，并讨论以确定本组最终结果	通过案例信息分析、总结归纳

续表

教学环节(时间)		教师活动	学生活动	设计意图
课中	展示点评 （45 分钟）	引导学生利用投影仪展示不同小组成果，教师点评、总结相关内容：信息的价值和特征 检测：播放《中央广播电视总台 2019 主持人大赛》精彩片段。 下列信息体现了信息的什么特征？分别是如何体现的？ 今日一档综艺节目《中央广播电视总台 2019 主持人大赛》引起了社会广泛关注，各大新闻媒体赶在第一时间对赛事争相报道点评。节目中也涌现出很多优秀主持人，这使得许多对主持感兴趣的小伙伴兴奋不已，大家通过不同途径进行收听收看，并对精彩部分纷纷下载或者收藏 信息的分类 教师播放 PPT 并归纳出信息的分类： 信息——稳定程度：动态信息、静态信息；性质：原始信息、加工信息 教师引导：现代社会已经全面进入了信息化时代。在当下的信息化时代浪潮下，信息已经成为人们学习、生活、工作必不可少的重要组成部分，信息素养，即信息知识、信息能力、信息意识和信息道德已经成为生存的必须。从顺应社会的发展的角度，结合探究过程和实际，请同学们归纳总结我们应该具备哪些能力	听取教师总结知识点 学生分组讨论探究并回答： 1. 什么是信息的实效性 2. 什么是信息的共享性 3. 什么是信息的传递性 4. 什么是信息的依附性 5. 什么是信息的存储性 6. 什么是信息的无限性 …… 学生归纳总结： 1. 运用信息工具 2. 获取信息 3. 处理信息 4. 生成信息 5. 创造信息 6. 发挥信息的效益 7. 信息协作 8. 信息免疫	形象、生动，帮助学生记忆理解 提升学生归纳、总结能力 提升学生的拓展思维能力
	评估及展示 （5 分钟）	学习成果监察委员会打分评估，并按等级给予小组加分	学生上交成果，聆听评估结果并总结	提升学生的评价能力

续表

教学环节(时间)		教师活动	学生活动	设计意图
小结	小结 (3 分钟)	同学们，信息是人类传承文明，把握未来的载体。尽管我们掌握了新的信息，但仍然有薄弱环节。它不是信息的创造，不是信息的储存，也不是信息的获取，而是出现在是否能够利用有效信息去做有益的事情上。希望大家能够真正掌握信息，共同赢得未来		结合未来生活激励学生提高信息素养
作业	布置作业 (2 分钟)	上网成瘾已成为危害青少年身心健康的重要因素。请仔细观察教材第 9 页的四幅图，从图中你能获得怎样的信息？谈谈怎样才能文明使用网络来帮助学习。 要求： 1. 小组长组织成员写出获取信息内容 2. 小组长组织成员讨论，形成文明使用网络倡议书上传至学习通		

第二课　信息需求和信息源教学设计

<table>
<tr><td>教学单元/课</td><td colspan="3">第一单元　第二课　信息需求和信息源</td><td>授课教师</td><td>任丽娟</td></tr>
<tr><td rowspan="2">教学对象</td><td>授课专业</td><td colspan="2">授课班级</td><td>学生人数</td><td>课时</td><td>2（90 分钟）</td></tr>
<tr><td>西式烹调</td><td colspan="2">高级班一年级</td><td>35</td><td>总课时</td><td>40</td></tr>
<tr><td>教学资源</td><td colspan="6">硬件资源：计算机（连接因特网）、展示板、投影、便利贴
软件资源：蓝墨云班课、多媒体教学系统、各种教学用的记录表和评价表、信息需求表、活动评价表、电子课件、《信息源的分类》微课等</td></tr>
<tr><td rowspan="2">教学内容分析</td><td>教学内容</td><td colspan="5">信息需求的形式、信息需求表及信息需求的确定、信息源分类、信息源的选择</td></tr>
<tr><td>地位与作用</td><td colspan="5">本课要求学生根据任务或问题的内容提炼信息需求。明确信息需求和来源是学习后续内容的前提。只有明确了需求，才能考虑完成和解决问题的方案，进行下一步信息检索与处理活动</td></tr>
<tr><td>学情分析</td><td colspan="6">1. 能针对收到的具体信息，确定其所属种类，具有一定的分析能力
2. 思想活跃，互动要求比较强，但团队合作意识和学习迁移能力欠缺
3. 已经学习过计算机基础与应用课程，具备一定的计算机操作知识和办公软件的使用能力
4. 熟悉学校教学及管理现状，对学习缺乏主动性</td></tr>
<tr><td rowspan="3">教学目标</td><td colspan="6">知识目标：
1. 掌握信息需求的内容
2. 领会信息需求表设计思路
3. 认识信息源的分类、特点和用途</td></tr>
<tr><td colspan="6">技能目标：
1. 能有效识别各种信息源
2. 能分析信息需求，制定信息需求表，在此基础上使用各种信息源</td></tr>
<tr><td colspan="6">情感态度目标：
1. 结合当前信息社会的实际，能够辩证地认识信息对于我们日常生活和学习的影响
2. 与同学交流不同信息源的优缺点，体验不同信息源对人们的影响
3. 从解决问题的目标出发，培养自觉确定信息需求的意识</td></tr>
</table>

续表

<table>
<tr><td rowspan="4">教学重难点</td><td>教学重点</td><td colspan="3">设计信息需求表</td></tr>
<tr><td>破解方法</td><td colspan="3">采用头脑风暴的方法明确信息需要，以 2W2H 模型引导学生确定信息需求表中信息内容</td></tr>
<tr><td>教学难点</td><td colspan="3">根据任务或问题的内容分析并提炼信息需求，有效选择信息来源</td></tr>
<tr><td>化解方法</td><td colspan="3">采用项目教学法，借助贴近实际的项目，引导学生体验从明确任务、获取信息到归档的全过程</td></tr>
<tr><td>教学方法</td><td colspan="4">项目教学法、头脑风暴法、小组讨论法、讲练结合法、案例分析法</td></tr>
<tr><td colspan="5">教学过程</td></tr>
<tr><td colspan="2">教学环节(时间)</td><td>教师活动</td><td>学生活动</td><td>设计意图</td></tr>
<tr><td rowspan="2">课前</td><td>小试牛刀
(一周)</td><td>1. 提前一周在蓝墨云班课上发布本节课前任务“本市西餐厅的基本情况”，并上传课件
2. 督促学生完成任务
3. 线上指导与答疑
4. 收集学生任务反馈，分析学生的学习情况
5. 遵循“同质结对，异质编组，组间平行”的基本编组原则，根据学生计算机操作水平、平时表现、性格特点、学习能力、男女比例等情况，将学生分为 5 个小组</td><td>1. 根据教师给的任务要求和学习资源，结合自己搜索的信息，完成课前任务
2. 相互讨论疑问，或者通过班级群、蓝墨云向教师和同学提出疑问
3. 完成任务，将结果发送至蓝墨云</td><td>1. 激发学生自主探究的积极性
2. 摸清学生的基础，为本节教学做好准备</td></tr>
<tr><td>课前准备
(5 分钟)</td><td>1. 打开电源，检查设备确保运行正常；检查教学资源下发情况
2. 组织学生按课前的分组就座，检查仪容仪表情况
3. 提示学生手机静音，用蓝墨云签到
4. 登记学生出勤情况</td><td>1. 手机静音
2. 按小组入座
3. 明确上课要求，接受安全教育
4. 通过蓝墨云签到</td><td>1. 让学生养成守时习惯，不迟到、不早退，注意仪容仪表
2. 能在安全文明的基础上进行工作</td></tr>
</table>

续表

教学环节(时间)		教师活动	学生活动	设计意图
课中	百里挑一 (10分钟)	1. 分类展示学生课前作业（文字、图片、抖音视频、位置截图、向该领域专家咨询的情况等）。参考PPT内容，组织小组讨论并抢答完成课前作业过程中产生的信息需求属于信息需求的哪种形式 2. 提出问题：作为西式烹调专业的学生，了解本市西餐厅的基本情况后，你能做什么？ 3. 引导学生明确将“求职”定为本项目的方向	1. 积极参加小组讨论，并快速回答完成课前作业过程中产生的信息需求属于信息需求的哪种形式(信息交流的需求、信息发布的需求、信息咨询的需求) 2. 积极思考、快速将想到的相关内容（求职、开店、消费等）写在展示板上 3. 选择“求职”作为本项目的任务	为后续学习活动打好基础
	再接再厉 (30分钟)	1. 展示学生收集的信息资源，对比教师制作的求职信息需求表及所列资源 2. 根据信息需求表中项目，提出问题：我要怎么做才能达到这个职位的要求？ 3. 利用2W2H模型，以问题形式引导学生分析：“what（是什么）”——你的这个职位职责是什么？在整个西餐厅人事架构中处于什么位置？“why（为什么）”——为什么选择这个岗位？工资高，提升快，还是要求容易达到？“how（怎么做）”——要怎么做？按照招聘要求去提高自己。“how good（怎么做才好）”——岗位发展前景、发展路线是什么？然后根据上述问题查找并收集信息 4. 组织学生以小组为单位，将前面查找到的信息填入信息需求表“信息内容”一栏，并确定其信息载体。若现有信息内容不能覆盖所有载体形式，则继续搜索	1. 判断哪个更有条理、更清晰 2. 小组讨论，得出成长途径和方法 3. 认真听讲，记笔记，回答教师提出的问题 4. 小组在计算机上填写信息需求表	1. 设计信息需求表 2. 小组成员沟通、合作、互助，培养团队合作能力 3. 检查成果为之后的学习做准备 4. 将所学Word应用知识应用到实际项目中

续表

教学环节(时间)		教师活动	学生活动	设计意图
课中	百舸争流 (15 分钟)	1. 组织展示信息需求表及形成报告 2. 教师和其他小组根据资料齐全程度及信息载体的多样性，利用蓝墨云班课进行投票，选出最优小组	1. 小组派代表展示本组信息需求表及形成性报告 2. 为你认可的方案投票	通过作品展示和评价，培养学生的语言表达能力
	物以类聚 (15 分钟)	1. 用课件展示曹刿论战案例，并提问：在课件中的案例中，曹刿是从哪里获得的信息？生活中还有哪些不需要直接说明就能获得信息的实例？ 2. 组织学生自主观看《信息源的分类》微课 3. 基于 Flash 课件，组织开展“物以类聚”（信息源分类）练习 4. 各组选择一名同学参加快问快答；3 秒内说不出信息源类型或未答、答错，返回座位，最终留下组获胜	1. 前两组讨论第一问，后三组搜索、思考实例，并随机找小组成员回答问题 2. 认真观看微课，能区分其特点并列举实际生活中的内容 3. 认真完成信息源分类练习 4. 知悉规则，选出代表，完成快问快答挑战	引导学生将理论与实际联系起来
	牵线搭桥 (10 分钟)	1. 提问：我们整理的信息，均从互联网获取，那它与非数字文献信息的区别在哪里？你是怎么利用互联网搜索的？ 2. 要求学生简要说明非数字资源的检索渠道	仔细思考，回答问题	引出下一课题——信息检索的方法
	真金不怕火炼 (10 分钟)	1. 在蓝墨云班课上，以单选形式进行测试 2. 挑选成绩最高的同学对本节课进行总结：学到了哪些知识？提升了哪些能力？形成了哪些意识？	1. 独立完成测试 2. 小组成员进行总结	巩固所学知识和形成的能力

续表

<table>
<tr><th colspan="2">教学环节(时间)</th><th>教师活动</th><th>学生活动</th><th>设计意图</th></tr>
<tr><td rowspan="2">课后</td><td>整理清洁</td><td>组织学生清理、整顿机房并断电，安全检查</td><td>值日生按照6S要求整理机房</td><td>帮助学生养成良好的工作习惯，为日后的职业生涯打下良好的基础</td></tr>
<tr><td>拓展延伸</td><td>要求学生以开设网店为背景，进行信息需求分析</td><td>根据课堂反馈，制定信息需求表，完成后提交到蓝墨云</td><td>锻炼学生自主学习、探究与知识迁移能力</td></tr>
<tr><td rowspan="4">评价反思</td><td>诊断性评价
(课前)</td><td>作业分析（8分）
实际操作（12分）</td><td></td><td></td></tr>
<tr><td>形成性评价
(课中)</td><td>对参加课堂活动情况进行评价
信息内容部分（20分）
信息载体部分（20分）
活动优胜组成员加10分</td><td></td><td></td></tr>
<tr><td>总结性评价
(课后)</td><td>测验（10分）
拓展作业情况（20分）</td><td></td><td></td></tr>
<tr><td colspan="4">本节课学业评价将诊断性评价、形成性评价与总结性评价相结合，采用不同的主体评价结果，由自评、小组内互评、教师评价，以及附加分四部分组成。总分=自评30%+小组内互评30%+教师评价40%+附加分（活动优胜组成员加10分）。教师可以结合学业评价和课堂教学效果完成教学反思</td></tr>
</table>

第二单元　检 索 信 息

第一课　使用搜索引擎教学设计

<table>
<tr><td>教学单元/课</td><td colspan="3">第二单元　第一课　使用搜索引擎</td><td>授课教师</td><td>方红</td></tr>
<tr><td rowspan="2">教学对象</td><td>授课专业</td><td>授课班级</td><td>学生人数</td><td>课时</td><td>3（120 分钟）</td></tr>
<tr><td>机电一体化</td><td>高级班一年级</td><td>52</td><td>总课时</td><td>40</td></tr>
<tr><td>教学资源</td><td colspan="5">教材、多媒体课件、互联网、手机、投影仪</td></tr>
<tr><td rowspan="2">教学内容分析</td><td>教学内容</td><td colspan="4">高效运用搜索引擎，精准地搜索自己所需要的信息</td></tr>
<tr><td>地位与作用</td><td colspan="4">互联网的信息是海量的。搜索过程中，各种各样的信息让人眼花缭乱，影响收集效率。要高效精确地检索信息，那么使用的搜索引擎以及具体方法则尤为关键。学好本节内容可为后续学习检索和处理各类信息打下基础</td></tr>
<tr><td>学情分析</td><td colspan="5">该班全部为男生
性格特点：大部分学生热情开朗，活泼好动，能够主动参与课堂，对新鲜的东西保持较大的兴趣
知识储备及技能水平：
1. 前期学习了理解与表达课程，对通用职业素质课程有基本的了解
2. 已完成第一章学习，对信息的概念、信息需求和信息源有了一定的了解。知晓基本的搜索引擎，会用百度等浏览器搜索基本信息，但对专业性、有针对性的搜索引擎了解不够
3. 对搜索方法和技巧了解较少，搜索方法比较单一
4. 信息检索意识不是很强</td></tr>
<tr><td>教学目标</td><td colspan="5">1. 认知常见的搜索引擎及功能
2. 能确定检索词，利用常见的检索方法，精确地检索出相关信息
3. 逐步养成主动检索信息的意识</td></tr>
</table>

续表

<table>
<tr><td colspan="2" rowspan="2">教学重难点</td><td>教学重点</td><td colspan="3">利用常见的搜索引擎，借助常见的检索方法，精确地搜索相关资料</td></tr>
<tr><td>教学难点</td><td colspan="3">快速有效精确地检索，获得检索信息</td></tr>
<tr><td colspan="2">教学方法</td><td colspan="4">任务驱动、问题引导法</td></tr>
<tr><td colspan="6">教学过程</td></tr>
<tr><td colspan="2">教学环节(时间)</td><td colspan="2">教师活动</td><td>学生活动</td><td>设计意图</td></tr>
<tr><td>课前</td><td>教学准备（约30分钟）</td><td colspan="2">通过微信布置课前预习作业。要求查阅书本资料，或者利用手机上网查询，回答问题：目前常用的搜索引擎有哪些？其中，百度和搜狗有些什么功能？两种搜索引擎有何不同？</td><td>学生先自主完成预习作业，以书面形式交给组长，由组长汇总后交给老师，并准备课堂汇报</td><td>锻炼学生自主学习的能力；了解学生的基础，为课堂学习做准备</td></tr>
<tr><td>课中</td><td>一、小组汇报，检查预习（15分钟）</td><td colspan="2">1. 组织学生抽签，在6个小组中抽取2个小组进行展示汇报并给予加分。汇报内容：常见的搜索引擎有哪些？百度和搜狗引擎的基本功能有哪些？二者有什么不同？
2. 针对汇报情况，引导其他小组补充完善并给予加分
3. 教师根据回答情况补充、拓展
4. 出示图片，让学生连线，了解专用搜索引擎</td><td>1. 抽签
2. 被抽中的2个小组上台分享预习任务；其他小组认真听，并做好补充的准备
3. 其他小组根据预习汇报情况补充相关内容
4. 完成连线游戏
5. 根据教师小结的内容做好相关笔记</td><td>打破教师讲、学生听的模式，培养自己学习能力，锻炼表达能力，基本完成教学目标1</td></tr>
</table>

续表

<table>
<tr><th colspan="2">教学环节(时间)</th><th>教师活动</th><th>学生活动</th><th>设计意图</th></tr>
<tr><td rowspan="2">课中</td><td>二、实践探究，摸索方法（30分钟）</td><td>1. 教师出示第45届世界技能大赛冠军照片，提问：你知道他是谁吗？怎样通过搜索互联网确认？
2. 继续提问：在第45届世界技能大赛中，中国队荣登金牌榜和奖牌榜第一。你很想进一步了解第45届世界技能大赛中国获奖情况，你会如何做呢？
组织学生拿出手机，尝试搜索
3. 组织学生在全班交流；总结出以下几种方法：
①切分：第45届丨世界技能大赛丨中国丨获奖丨情况
②删除：第45届世界技能大赛中国获奖
③补充：第45届世界技能大赛中国金牌
④扩展：第45届世界技能大赛中国各项成绩
4. 引导学生尝试检索式搜索方式
提问：以上三种方式分别实现了什么功能？</td><td>1. 学生阅读了解问题，选择和组织检索词，用手机搜索相关情况，了解百度照片搜索功能
2. 学生分享自己的搜索过程、采用的方法和搜索的结果
3. 根据老师的补充指引，实际操作，了解检索式搜索方法</td><td>利用问题引导学生实践，在实践中摸索信息检索的方法。为教学目标2的达成做好准备</td></tr>
<tr><td>三、活动拓展、学以致用（35分钟）</td><td>1. 教师出示活动内容：
最近在我校“感动校园教师人物”评比中，小刚发现了一位年轻美丽还是“全国技术能手”的老师，叫赖晓琼。小刚想起来，有几次班主任和任课老师都提到她很“牛”，来学校6年几乎每年都会参加各类教师比赛，且多有斩获。于是，小刚很想进一步了解有关赖老师的信息
了解赖老师的方法有很多种，你若是小刚，会用哪些呢？
2. 组织学生以小组为单位利用搜索引擎查询赖老师的相关情况，并填写相关表格（见附件1）
3. 组织学生分小组展示汇报
4. 评价小结（见附件2）</td><td>1. 分小组完成活动任务
2. 派代表上台展示，介绍赖晓琼老师的“个人简历”</td><td>1. 利用身边的例子提升学生的学习兴趣
2. 通过不同的方法对比，培养学生自主利用网络搜索信息的意识
3. 以实践活动为教学载体，达成教学目标2、3</td></tr>
</table>

续表

教学环节(时间)		教师活动	学生活动	设计意图
课后	四、小结布置作业(10分钟)	1. 提问：你今天的收获是什么？ 2. 小结：在互联网日益普及的今天，使用搜索引擎通过互联网查找生活和工作信息已经成为人们日常生活的一部分。本节课，我们一起了解了常见的搜索引擎的功能，以及搜索的方法（检索词、检索式）。在今后的学习过程中，同学们要建立主动搜索、获取信息的意识，并做到高效准确。我们一起加油！ 布置作业：课后阅读教材第33~38页检索式搜索方法，要求根据例题操作一遍	1. 自由发言，谈谈自己的收获 2. 听老师总结本次课主要学习内容，回顾所学知识和技能 3. 记录作业	学生自己总结，即对课程内容进行回顾，从而巩固教学效果，同时培养学生复习的习惯

附　件　1

赖晓琼老师的个人简历

<table>
<tr><td>姓名</td><td>赖晓琼</td><td>年龄</td><td></td><td>获奖情况</td><td></td></tr>
<tr><td colspan="6">个人主要工作经历及主要大事件</td></tr>
<tr><td>2013</td><td colspan="5"></td></tr>
<tr><td>2014</td><td colspan="5"></td></tr>
<tr><td>2015</td><td colspan="5"></td></tr>
<tr><td>2016</td><td colspan="5"></td></tr>
<tr><td>2017</td><td colspan="5"></td></tr>
<tr><td>2018</td><td colspan="5"></td></tr>
<tr><td>2019</td><td colspan="5"></td></tr>
<tr><td rowspan="2">复习</td><td colspan="5">在搜索信息时，我使用的主要方法是：</td></tr>
<tr><td colspan="5">搜索相关信息后，我的体会是：</td></tr>
</table>

附　件　2

评　价　表

评价项目	评价指标	权重	互评	师评
检索词的确定	获奖情况的完整度	20 分		
	每年工作经历的准确性	20 分		
	检索词的选用	20 分		
	检索式的选用	10 分		
公开展示	语言流畅	10 分		
	见解有一定深度	20 分		

第二课　检索生活服务类信息教学设计

<table>
<tr><td>教学单元/课</td><td colspan="3">第二单元　第二课　检索生活服务类信息</td><td>授课教师</td><td>陈陆军</td></tr>
<tr><td rowspan="2">教学对象</td><td>授课专业</td><td>授课班级</td><td>学生人数</td><td>课时</td><td>4（180 分钟）</td></tr>
<tr><td>化工工艺</td><td>中级班二年级</td><td>40 人</td><td>总课时</td><td>40</td></tr>
<tr><td>教学资源</td><td colspan="5">教材、课件、多媒体、手机、计算机互联网</td></tr>
<tr><td rowspan="2">教学内容分析</td><td>教学内容</td><td colspan="4">1. 生活服务类资源平台的选择和使用
2. 常见的生活服务类资源网站的种类及特征
3. 生活服务类资源的综合运用</td></tr>
<tr><td>地位与作用</td><td colspan="4">培养学生按照一定的规则在互联网中获取信息资源的能力是十分必要的。我们处在一个信息爆炸的社会中，如何在这些信息中快速有效地找到自己所需的信息，是摆在每个人面前的一个难题。解决了这一难题，有助于提高学习、工作和生活的效率</td></tr>
<tr><td>学情分析</td><td colspan="5">学生已经学习了使用一些常见搜索引擎搜索相关资料，同时还掌握了常见检索方法和一定的手机、互联网使用技巧，思维活跃，尝试欲望强烈，但是学习抽象理论知识存在畏难的情绪，缺乏主动探索的能力</td></tr>
<tr><td>教学目标</td><td colspan="5">1. 能选择适当的生活服务类专用搜索引擎检索信息
2. 能通过检索生活服务类信息解决实际问题</td></tr>
<tr><td rowspan="2">教学重难点</td><td>教学重点</td><td colspan="4">比较常见的生活服务类资源网站的种类及特征，以及搜索技巧</td></tr>
<tr><td>教学难点</td><td colspan="4">根据实际需求对生活服务类资源平台进行选择和使用</td></tr>
<tr><td>教学方法</td><td colspan="5">讲授法、讨论法、演示法、任务驱动法</td></tr>
<tr><td colspan="6">教学过程</td></tr>
<tr><td colspan="2">教学环节(时间)</td><td>教师活动</td><td>学生活动</td><td colspan="2">设计意图</td></tr>
<tr><td>课前</td><td>布置任务（一周）</td><td>将学生分为购物、旅游、购票、餐饮四组，为张大妈制作一份某生活类资源平台网站的使用说明书</td><td>抽签分组，查找，汇总，写一份使用说明书</td><td colspan="2">为组织课堂活动和知识教学打基础</td></tr>
</table>

续表

教学环节(时间)		教师活动	学生活动	设计意图
课前	准备（5分钟）	学生检查自己仪容仪表、书本、笔等；签到（蓝墨云班课）	检查课前准备情况，使用手机签到	培养学生良好的学习习惯，遵守纪律
	导入（5分钟）	1. 教师提出案例，正式引出本课学习的内容。说明本课的学习目标 案例《姜心语给奶奶手绘微信操作图》 2018 年 3 月，一份特殊的手绘版智能手机说明书在网上火了起来。这份说明书的作者是济南大学大四女生姜心语。她送给 72 岁的奶奶一部智能手机，为了让奶奶熟练操作，就手绘了这份说明书，没想到发到朋友圈后引起网友关注	学习案例，并思考如果是你，会以什么样的形式来教身边的人学习使用工具	使学生明确学习目标
课中	任务一：生活服务类资源平台的选择和使用（35 分钟）	2. 检验课前发布的任务： 张大妈每次看到别人通过网络购物、预订车票等觉得足不出户就能满足自己的需要，并且价格实惠。张大妈也想学习网络购物等功能 请写一份简单说明书，向张大妈介绍几种常用的生活服务类网站。重点介绍这些网站能满足张大妈的哪些需求，如何操作 提示学生，总结获取有效信息的过程如下： 确定信息需求——选择信息源——确定检索渠道——获取信息	按生活功能分组上台汇报查找过程，汇总给张大妈的说明书。每组推出一位同学现场演示如何操作	培养学生合作意识、语言表达能力，总结出生活服务类检索的正确获取过程
	任务二：常见生活服务类资源网站种类及特征（45 分钟）	张大妈通过浏览发现具有生活服务功能的网站不止一家。请收集有关信息、对比并总结后给张大妈讲解每类网站的特征	每组收集有关信息、讨论并总结不同种类的生活服务网站的特征，并选出 1～2 个给张大妈进行介绍、讲解并做出合理分析和推荐 按照操作步骤完善或重新给张大妈写一份流程书	让学生自己分析，相互讨论得出总结 增强学生自我探究的能力

续表

教学环节(时间)		教师活动	学生活动	设计意图
课后	生活服务类资源的综合运用	召开班会，与学生商讨班服的定制与购买。请大家提议，班服款式与购买渠道	每人提议购买款式、价格、渠道，截图并上传到蓝墨云班课	强化生活服务类资源灵活运用

第三课　检索专业类信息教学设计 1

<table>
<tr><td>教学单元/课</td><td colspan="3">第二单元　第三课　检索专业类信息
——法律法规信息检索</td><td>授课教师</td><td>穆伟明</td></tr>
<tr><td rowspan="2">教学对象</td><td>授课专业</td><td colspan="2">授课班级</td><td>学生人数</td><td>课时</td><td>2（90 分钟）</td></tr>
<tr><td>机械类</td><td colspan="2">中级班二年级</td><td>45</td><td>总课时</td><td>40</td></tr>
<tr><td>教学资源</td><td colspan="6">1. 云班课教学平台
2. 教学设备：网络教室
3. 电子课件、案例视频</td></tr>
<tr><td rowspan="2">教学内容分析</td><td>教学内容</td><td colspan="5">法律法规信息的检索方法和常用的法律搜索网站</td></tr>
<tr><td>地位与作用</td><td colspan="5">本课内容为学生在后续专业学习和工作中进行有关信息搜索打下基础</td></tr>
<tr><td>学情分析</td><td colspan="6">中级班二年级学生掌握了一定的信息搜索技能；班级男生较多，好奇心强，活泼好动</td></tr>
<tr><td rowspan="3">教学目标</td><td colspan="6">1. 知识目标：认识搜索法律法规的专门平台</td></tr>
<tr><td colspan="6">2. 技能目标：能通过检索专业类信息解决实际问题</td></tr>
<tr><td colspan="6">3. 素质目标：培养利用法律武器保护自己权益的意识；培养团队合作精神</td></tr>
<tr><td rowspan="2">教学重难点</td><td>教学重点</td><td colspan="5">专业类信息检索的方法</td></tr>
<tr><td>教学难点</td><td colspan="5">相关专业类信息的筛选</td></tr>
<tr><td>教学方法</td><td colspan="6">案例教学法、小组学习法、讲授法</td></tr>
<tr><td colspan="7">教学过程</td></tr>
<tr><td>教学环节(时间)</td><td colspan="3">教师活动</td><td colspan="2">学生活动</td><td>设计意图</td></tr>
<tr><td>课前　预习（2 天）</td><td colspan="3">在教学互动平台上发布预习作业：应届毕业生小王去某知名广告公司应聘，主考官让他讲述关于广告运营需要遵守哪些法律法规，请你帮小王完成相关内容的检索，并完成资料整理</td><td colspan="2">学生课下查询、搜集相关资料，实践检索信息过程</td><td>锻炼学生自主学习能力，巩固所学知识</td></tr>
</table>

续表

教学环节(时间)		教师活动	学生活动	设计意图
课中	回顾 (5 分钟)	引导学生回顾信息检索过程 确定信息需求 选择信息源 确定检索渠道 获取信息	学生思考，回答	帮助学生建立知识逻辑意识，为新知识的学习做出铺垫
课中	导入 (10 分钟)	情境导入： 技师学院毕业生劳动争议案例(教材第 55~56 页)	学生观看视频，思考	以贴近实际、贴近学生的案例作为引入，激发学生兴趣，说明知识的实用性
课中	布置和组织实施任务 (25 分钟)	组织学生分组讨论问题： 1. 仲裁委为什么会支持张某的诉求? 2. 张某需要了解哪些法律知识? 3. 张某可以通过哪些途径来满足自己的信息需求? (教师提示信息源的选取方向)	学生结合所学知识展示信息检索过程	提升学生合作学习能力，提高学生运用所学知识解决实际问题的能力
课中	总结汇总 (10 分钟)	介绍常用的法律搜索网站： 1. 法律图书馆网 2. 北大法律信息网		
课中	小组活动 (35 分钟)	教师提出活动要求： 刚刚步入工作岗位的小李想了解一下关于新入职人员可以享受的权利以及今后工作中需要注意的问题，请同学们分组分别从员工薪酬、休假、保险、纠纷解决等方面查找相关法律资料，给小李些建议	学生分为 4 组进行分别搜索相关法律条文，得到法律支撑的相关权利，并上台汇报成果	提升学生合作学习能力，提高学生运用所学知识解决实际问题的能力

续表

教学环节(时间)		教师活动	学生活动	设计意图
课中	小结 (5 分钟)	总结专业类信息检索方法	记录汇总	
课后		组织学生完成教材第 67 ~ 71 页的综合实践活动	分组合作完成	增进学生合作探究能力

第四课　检索专业类信息教学设计 2

<table>
<tr><td>教学单元/课</td><td colspan="3">第二单元　第三课　检索专业类信息
——论文、图书信息检索</td><td>授课教师</td><td>张彩慧
申华　史恒杰</td></tr>
<tr><td rowspan="2">教学对象</td><td>授课专业</td><td>授课班级</td><td>学生人数</td><td>课时</td><td>3（120 分钟）</td></tr>
<tr><td>机械工程</td><td>高级班三年级</td><td>45</td><td>总课时</td><td>40</td></tr>
<tr><td>教学资源</td><td colspan="5">本课学习中，学生应用的学习资源包括：
1. 教学设备
多媒体教学设备、多媒体教学电子教室、投影仪、计算机等
2. 工具与材料
中性笔、笔记本、白板笔
3. 教学材料
本课与学习任务有关的素材、教材、测评表、应用软件等</td></tr>
<tr><td rowspan="2">教学内容分析</td><td>教学内容</td><td colspan="4">论文、图书信息的检索方法和常用检索工具</td></tr>
<tr><td>地位与作用</td><td colspan="4">本课内容为学生后续学习专业知识和技能，进工作岗位后继续学习和开展技改、创新工艺和产品打下基础。</td></tr>
<tr><td>学情分析</td><td colspan="5">1. 学生已学会使用搜索引擎，初步掌握信息检索的方法
2. 大部分学生有一定的自学能力，好奇心强，喜欢网络交流
3. 学生已适应分组学习
4. 个别学生知识技能迁移能力较弱</td></tr>
<tr><td>教学目标</td><td colspan="5">1. 能利用互联网上的专门平台和数据库检索论文、图书信息
2. 深入理解信息检索的过程和途径
3. 具有分析、解决问题的能力
4. 养成善于思考、深入研究的良好学习习惯
5. 具备责任意识和团队合作精神</td></tr>
<tr><td rowspan="2">教学重难点</td><td>教学重点</td><td colspan="4">利用互联网上的专门平台和数据库检索论文、图书信息</td></tr>
<tr><td>教学难点</td><td colspan="4">通过检索专业类信息解决学习和工作中的实际问题</td></tr>
<tr><td>教学方法</td><td colspan="5">案例分析法、任务驱动法、演示法</td></tr>
</table>

续表

教学过程			
教学环节(时间)	教师活动	学生活动	设计意图
环节一　设置情境确定信息需求（10分钟）	展示案例： 某同学想报考机械工程类专业硕士研究生，老师向他推荐L大学校长芮某教授，但该同学不了解芮教授，想请大家帮助他检索相关信息	思考： 信息检索手段有哪些？ 分组讨论： 1. 确定信息需求 2. 制作信息需求表	引入情境、激发兴趣
环节二　介绍检索工具选择信息源（15分钟）	介绍检索工具： 1. 检索期刊论文的主要工具 （1）中国知网——中国学术期刊网络出版总库 （2）中国优秀硕士学位论文全文数据库、中国博士学位全文数据库 （3）维普网期刊大全 2. 检索图书书目的主要工具 （1）超星数字图书馆 （2）中国国家图书馆（http://www.nlc.cn） （3）中国数字图书馆 （4）其他电子图书和网上书店	分组讨论： 根据信息需求表确定检索工具	自主探究、分组讨论、合作学习
环节三　确定检索渠道演示检索过程（30分钟）	1. 演示通过官方网站检索 首先进入L大学主页，从校情总览中查看现任领导。 总结：通过上述介绍，可以了解芮教授的基本情况和研究领域。搜索引擎是一个非常重要的信息源，利用这一信息源可以获取一些专家学者的常用信息 2. 演示中国学术期刊网络出版总库中检索芮教授发表论文情况  总结：通过对中国学术期刊网络出版总库的检索，可以了解芮教授近来的研究情况，掌握其在学术研究中取得的成果和相关研究进展 3. 演示检索芮教授出版的图书 利用国家图书馆书目检索和馆藏书目检索等各种检索工具检索	1. 通过搜索引擎搜索具体人物信息。 2. 利用中国知网的优秀硕士学位论文数据库检索芮教授所带的硕士研究生论文情况 总结：通过检索中国知网的优秀硕士学位论文数据库，可以了解芮教授近期所带硕士生的研究方向及论文水平，据此与自己的能力和兴趣比较，可得到有价值的结论	培养学生的实践能力

续表

<table>
<tr><th colspan="4">教学过程</th></tr>
<tr><th>教学环节(时间)</th><th>教师活动</th><th>学生活动</th><th>设计意图</th></tr>
<tr><td>环节四 任务实施（25 分钟）</td><td>布置任务：
即将毕业的小李的毕业论文题目为《技工院校学生信息化能力的培养》，请为他查找论文可以参考的文献资料，包括论文和书籍</td><td>分组完成任务：
1. 明确任务需求
2. 通过多种途径，查询多个数据库和网站，获取信息
3. 从各种信息中筛选出有用的信息
4. 图书要记录作者、书名、出版社及出版时间，论文要记录作者、文章名、期刊名称及卷（期）号</td><td>培养学生的团队合作能力，提高学生利用所学知识分析问题和解决问题的能力</td></tr>
<tr><td>环节五 评价总结（10 分钟）</td><td>组织自评（见附件 1）、小组互评（见附件 2），再由教师对每名学生的本课学习情况进行评价
教师评价表
<table><tr><td>完成任务（25 分）</td><td></td></tr><tr><td>解决问题（25 分）</td><td></td></tr><tr><td>团队合作（25 分）</td><td></td></tr><tr><td>与人沟通（25 分）</td><td></td></tr><tr><td>合计</td><td></td></tr></table></td><td>完成自评和小组互评</td><td>拓展提高信息检索的综合应用能力</td></tr>
</table>

附　件　1

学生自评表

1. 是否按要求完成了本课学习任务？

○完成

○未完成

2. 信息获取能力是否有所增强？

○是

○不是

3. 与人沟通能力是否有所提高？

○没改变

○提高一点点

○进步很快

4. 动手操作能力是否有所提高？

○提高很快

○提高一点点

○没有提高

5. 解决问题的能力得到怎样的改变（用一句话简述）？

6. 抢答发言和汇报成果次数：抢答________次，汇报成果________次。

7. 评价自己完成小组分工任务情况。

请按5分制打分：

8. 团队合作精神：

请按5分制打分：

附　件　2

小组互评表

1. 各种信息检索任务是否完成？

○完成

○未完成

2. 各种信息是否准确？

○完全正确

○一部分正确

3. 各成员是否都按组内分工完成了任务？

○是

○不是

4. 信息检索是否达到专业要求？

○达到

○未达到

5. 成果整体效果如何？

请按 5 分制打分：

6. 本课重难点掌握情况如何？

请按 5 分制打分：

7. 团队合作精神如何？

请按 5 分制打分：

第三单元　处 理 信 息

第一课　评价和选择信息教学设计

<table>
<tr><td>教学单元/课</td><td colspan="3">第三单元　第一课　评价和选择信息</td><td>授课教师</td><td>温蕾</td></tr>
<tr><td rowspan="2">教学对象</td><td>授课专业</td><td colspan="2">授课班级</td><td>学生人数</td><td>课时</td><td>3（120 分钟）</td></tr>
<tr><td>文秘专业</td><td colspan="2">高级班一年级</td><td>50</td><td>总课时</td><td>40</td></tr>
<tr><td>教学资源</td><td colspan="6">教学课件，多媒体投影机，计算机互联网</td></tr>
<tr><td rowspan="2">教学内容分析</td><td>教学内容</td><td colspan="5">信息的可靠性、时效性、准确性、完整性、评价方法、查重法、时序法、类比法、评估法等选择信息的方法，以及信息校核方法</td></tr>
<tr><td>地位与作用</td><td colspan="5">面对海量信息，能有效识别，去伪存真，去芜存精，是信息时代人们必备的技能。本课是检索信息和分析信息的连接部分，是整个模块的关键一环</td></tr>
<tr><td>学情分析</td><td colspan="6">学生已经初步掌握了利用搜索引擎搜索各类信息</td></tr>
<tr><td rowspan="3">教学目标</td><td colspan="6">知识与技能：
1. 了解为什么要对信息进行评价与选择及校核
2. 掌握信息评价与选择、校核的方法
3. 能用所学方法对获取的信息进行评价、选择、校核</td></tr>
<tr><td colspan="6">过程与方法：学习相关方法，完成对信息的认知并且进行评价、选择、校核</td></tr>
<tr><td colspan="6">情感、态度与价值观：通过在学习过程中相关方法的运用以及小组合作探讨，促进信息素养的习得</td></tr>
<tr><td rowspan="2">教学重难点</td><td>教学重点</td><td colspan="5">信息评价、选择、校核的方法</td></tr>
<tr><td>教学难点</td><td colspan="5">能运用所学方法进行信息处理</td></tr>
<tr><td>教学方法</td><td colspan="6">案例分析、任务驱动、问题驱动、分析归纳</td></tr>
</table>

续表

教学过程			
教学环节(时间)	教师活动	学生活动	设计意图
视频导入（5分钟）	一、宣告“网络侦察队”成立，组织学生分组，介绍积分任务 二、播放电影《巨额来电》主题曲《菜商卡头和车手》音乐视频并提出问题： 1. 从这首主题曲中你看到了什么？ 2. 你能从视频中总结出几种信息获取的手段？ 手机、电视、计算机网络等各种媒体每时每刻都在向我们提供各种各样的信息。2018 年数据报告：微信每天 45 亿条信息发送；微博每天有多于 150 万条视频/直播产出，1.2 亿张图片发布，平均每秒就有近 1 400 张图片上传至微博。今天这堂课程结束，微博将多出 750 万张图片。如何正确评价大量的信息并从中正确选择呢？这节课我们共同探讨	分组竞赛、观看视频、抢答积分	通过播放与本课内容相关的嘻哈视频音乐，激发学生学习兴趣
任务一：信息的评价（20 分钟）	案例分析与探讨 案例一 小王在浏览某网站时，跳出一条 QQ 欢乐送中奖信息，他要如何处理呢？ 	思考分析，总结回答问题，回答正确的小组得分	通过案例分析，合作讨论，增强学生的探究能力。在探究中培养信息安全意识，并且学会运用信息评价的方法 引发学生思考，学习信息选择的方法

续表

教学环节(时间)	教师活动	学生活动	设计意图
任务一：信息的评价（20 分钟）	案例二 杨先生收到一条中奖短信：“台湾飞龙电器公司举行全国手机号码‘幸运星’活动，恭喜你已中现金 3.6 万元，收到信息请速与 134××××××××联系” 1. 可以从哪些方面评价、判断这条信息？ 引导学生思考、查询并提示： ①杨先生中奖信息从哪里来？可靠吗？ ②这个公司存在吗？ ③手机号码有无疑点？ ④你身边的人收过类似的短信吗？ 案例三 2019 年 6 月 1 日 16 时，小张初中同学聚会后来到长沙肯德基（中心广场店）用餐，用保存于手机的优惠券点单后，店员却告知无法使用。请分析无法使用优惠券的原因可能有哪些？ 总结：信息具有时效性，过期将失去价值。天气预报、招聘广告、股市行情等信息时效性明显。除此之外，还可对信息进行可靠性、准确性、完整性等评价	思考分析，总结回答问题，回答正确的小组得分	通过案例分析，合作讨论，增强学生的探究能力。在探究中培养信息安全意识，并且学会运用信息评价的方法 引发学生思考，学习信息选择的方法
任务二：信息的选择（15 分钟）	接下来，我们该如何完成对信息的选择呢？如果海量的信息都符合自己的信息需求，那么，该如何去选取有价值的信息？ （查重法、时序法、类比法、评估法） 案例四 小李是一家公司负责商务接待的办事员，经常在不同地方买酒。他发现价格差不多的情况下，有时买的酒好，有时买的酒问题很多。于是，他开始收集关于判断酒品质的信息。	思考分析，总结回答问题，回答正确的小组得分	巩固网上搜索技术；培养主动探求信息的意识和能力，培养对信息的鉴别取舍能力 增强学生的信息选择方法实践运用能力

续表

教学环节(时间)	教师活动	学生活动	设计意图
任务二：信息的选择（15 分钟）	某日，小李发现一段以“白酒加水混浊和假酒判定方法”为标题的小视频在网络上被大量转载，视频显示，一名男子将一瓶白酒与另外两种知名品牌白酒相比较，通过加水后观察是否有变混浊现象，指出浊变的为粮食酒，不浊变的就是“假酒”“化学酒”“工业酒”“酒精酒”，而饮用非粮食酒，会导致头痛等严重不适现象。 小李同时还找到了一篇阐述类似内容的网帖。小李将视频和网帖充分比较后，确认内容是重复的。为了便于参考，他留下了网帖，删除了视频。 几天后，小李从某权威网站找到了中国食品工业协会白酒专业委员会辟谣的报道：加水是否浊变不是检验酒质好坏的科学方法和判定真假白酒的标准。假如在纯酒精（或以食用酒精为主体勾兑的白酒）中添加一定量高级脂肪酸乙酯，再加水降度，其混合液也一样会混浊。因此，在成品酒中加水后酒体浊变与否，与勾调时使用的原酒和生产工艺有关，却并非判断质量和真假的标准。 据此，小李删除了前几天保留的网帖。 要求学生根据以上案例总结小李买酒的过程中运用信息选择方法的具体情况： <table><tr><td>查重</td><td>时序</td><td>类比</td><td>评估</td></tr><tr><td></td><td></td><td></td><td></td></tr></table>	思考分析，总结回答问题，回答正确的小组得分	巩固网上搜索技术；培养主动探求信息的意识和能力，培养对信息的鉴别取舍能力 增强学生的信息选择方法实践运用能力

续表

教学环节(时间)	教师活动	学生活动	设计意图
任务三：信息的校核（15 分钟）	播放视频《如何辨别网上信息真伪》片段，看节目中记者如何进行信息校对核查 结合视频，引导学生思考以下问题： 1. 除此之外还有哪些信息校核方式? 2. 总结信息校核的五种方法 3. 案例五 2016 年 10 月 1 日至 7 日，北京市接待游客 1 115 万人次，同比下降 2.8%，旅游总收入 84 亿元，同比增长 1.1%；天津市接待游客 80 598 万人次，同比增长 55%。旅游总收入 7 707 亿元，同比增长 12.8%；海南省进港 544 万人，同比增长 23.23%，进港车辆 356 万辆，同比增长 43.03%；湖北省接待游客 36 236 万人次，同比增长 20.1%，旅游总收入 2 583 亿元，同比增长 223%；湖南省接待游客 4 383.57 万人次，同比增长 16.51%，旅游总收入 235.65 亿元，同比增长 1 689%。在“一带一路”政策的带动下，丝路旅游经济发展迅速。10 月 1 日至 7 日，内蒙古自治区接待游客 85 316 万人次，同比增长 21.49%，实现旅游收入 60.25 亿，同比增长 28.98%；甘肃省接待游客 11 375 万人次，同比增长 225%，实现旅游收入 70.63 元，同比增长 26.8%；新疆维吾尔自治区接待游客 601.6 万人次，同比增长 12.8%，实现旅游收入 41.05 亿元，同比增长 42% 对案例五进行信息校核，应主要使用哪些信息校核方法?	观看视频，了解信息校核的方法，思考并回答问题，计算小组积分	培养学生信息整理、表达与交流的能力

续表

教学环节(时间)	教师活动	学生活动	设计意图
拓展活动 (20 分钟)	组织学生分组开展活动：谣言粉碎机——真伪大调查（用 PPT 展示） 1. 手机可以煮鸡蛋。比如，拨通手机后经过 65 分钟的时间，放在两个手机中的鸡蛋被完全煮熟 2. 孕妇模式路由器可以保护健康 3. 快餐店的冰块比马桶脏	小组代表抽签决定选题，组内合作鉴定，回答鉴定结果与使用方法	促进学生运用知识、处理信息的能力
评价、总结延伸 (10 分钟)	一、评价小组表现，清算积分，评选出“最佳侦察小组”，以后负责班级内“信息打假”工作 二、总结：本课我们通过一些生活中的案例进行分析和判断，得出信息处理的方法 1. 信息评价的方法：可靠性评价、完整性评价、准确性评价、时效性评价 2. 信息选择的方法：查重法、时序法、类比法、评估法 3. 信息校核的方法：溯源法、比较法、逻辑法、调查法、定量分析法 我们无论拥有多少信息，也永远处于寻找真相的过程中。追求真相是属于人类的独特品质	各小组派代表总结点评，最优小组分享信息选择、分析与小组合作经验	强化知识点
课后作业	很多论坛里会有这样的帖子：“×××牌子的数码相机低价出售，八成新，功能如何如何好，有意者请跟帖或者致电×××××××××××联系”，如果你刚好有意购买，你会如何去判断和鉴别这则信息的真伪呢？		巩固知识

第二课　分析信息教学设计

<table>
<tr><td>教学单元/课</td><td colspan="3">第三单元　第二课　分析信息</td><td>授课教师</td><td>李萍</td></tr>
<tr><td rowspan="2">教学对象</td><td>授课专业</td><td>授课班级</td><td>学生人数</td><td>课时</td><td>2（90 分钟）</td></tr>
<tr><td>幼儿教育专业</td><td>中级班一年级</td><td>47 人</td><td>总课时</td><td>40</td></tr>
<tr><td>教学资源</td><td colspan="5">1. 学习场地
计算机房、白板
2. 学习工具
手机、信封、纸条、卡纸、马克笔
3. 信息资源
多媒体课件、Office2010 办公软件、极域电子教室、蓝墨云平台、班级微信群
4. 学习资料
学生学习过程记录表</td></tr>
<tr><td>教学内容分析</td><td>教学内容</td><td colspan="4">联想分析中的类比分析法、因果分析法（画鱼骨图），综合分析，预测分析，以及用 Excel 进行数据分析</td></tr>
<tr><td>学情分析</td><td colspan="5">1. 性格特点
思维活跃，性格活泼，活动参与度较高，有较好的团队合作能力
2. 知识基础
均为初中毕业起点，有接受新知识的需求；通过前面的学习，会使用信息检索工具查找需要的信息
3. 学习特点
学生自主选择幼儿教育专业的较多，有较为明确的职业目标，为了能成为幼儿教育专业的教师，有较强的学习主动性</td></tr>
<tr><td>教学目标</td><td colspan="5">1. 能运用类比分析法分析信息
2. 能通过绘制鱼骨图，用因果分析法分析信息
3. 能利用 Excel 生成数据透视图，进行简单的数据分析</td></tr>
<tr><td rowspan="2">教学重难点</td><td>教学重点</td><td colspan="4">因果分析法常用工具——鱼骨图的绘制
突破：教师通过 PPT 讲解鱼骨图绘制步骤和方法，发布教学任务；学生接收任务，通过问题驱动、头脑风暴等方式绘制“小 A 减肥”鱼骨图</td></tr>
<tr><td>教学难点</td><td colspan="4">利用 Excel 进行数据分析
突破：课前教师将 Excel 数据分析的教学视频上传蓝墨云平台，供学生自主学习；课中教师演示 Excel 数据分析的操作过程，发布教学任务；学生根据教师的演示和任务要求，在电脑上完成考勤数据透视表的制作</td></tr>
</table>

续表

<table>
<tr><td colspan="2">教学方法</td><td colspan="3">讲授法、问题驱动法、巡回指导法、演示法</td></tr>
<tr><td colspan="5">教学过程</td></tr>
<tr><td colspan="2">教学环节(时间)</td><td>教师活动</td><td>学生活动</td><td>设计意图</td></tr>
<tr><td>课前</td><td>自主学习</td><td>在蓝墨云平台发布学生学习任务，组织学生在微信群里互动
1. 学生自主查询有关类比的例子，记录并上传至蓝墨云平台
2. 自主查询鱼骨图的绘制方法
3. 自主学习综合分析、预测分析
4. 上传视频《如何使用 Excel 进行数据分析》</td><td>在蓝墨云平台接收学习任务，并在微信群提问发言
1. 根据已有知识，选取适当的信息检索工具，自主查询有关类比的例子，并上传至平台
2. 使用信息检索工具，自主查询鱼骨图的绘制方法
3. 自主学习综合分析、预测分析
4. 观看视频《如何使用 Excel 进行数据分析》</td><td>培养学生自主学习的习惯，通过课前学习为课中翻转课堂做准备</td></tr>
<tr><td rowspan="2">课中</td><td>环节一：游戏拼一拼(5 分钟)</td><td>1. 根据学生人数分组，发放学生学习记录表
2. 检测课前学习效果：
教师提前准备好信封，信封内是剪碎的写有信息分析概念的纸条，让学生根据课前学习情况，以小组为单位合作拼出信息分析的概念</td><td>1. 学生在教师的指导下，分成 6 个小组，每组 7~8 人
2. 学生合作拼出信息分析的概念，张贴在白板上</td><td>通过游戏，检测学生课前学习情况，加深学生对知识点的记忆</td></tr>
<tr><td>环节二：概念讲解(5 分钟)</td><td>教师用 PPT 展现蝗虫的牙齿和齿状边缘的草叶，讲述鲁班发明锯子的传说；呈现鱼的照片，讲述科学家通过观察鱼在水中的沉浮发明潜水艇。从而引出类比的概念：在两类不同事物之间进行对比，找出若干相同或相似点之后，推测在其他方面也存在相同或相似之处的一种推理模式。引导学生总结类比的特点</td><td>根据教师的引导积极思考，发现事件之间的关联，总结类比的特点：类比是从人们已经掌握了的事物的属性，推测正在研究的事物的属性，是以旧有的认识为基础，类比出新的结果</td><td>在学习知识的过程中引导学生使用类比的方法，做到在学习中掌握，在掌握中熟练使用</td></tr>
</table>

续表

教学环节(时间)		教师活动	学生活动	设计意图
课中	环节三：绘制“减肥”鱼骨图（30分钟）	1. 教师讲授因果分析法的概念，即利用与信息内容相关的事物发展变化的因果关系，对信息进行分析的方法。常用的分析工具是鱼骨图 2. 教师发布学习任务： 小A是个小胖妞，天天喊着减肥，但是天天大鱼大肉，饮食作息无规律，不爱运动，能躺着绝不坐着，能坐着绝不站着，最终减肥的梦想一天天被搁置，体重不减反增。请你帮她梳理减肥的方法 3. 教师讲解鱼骨图绘图方法。 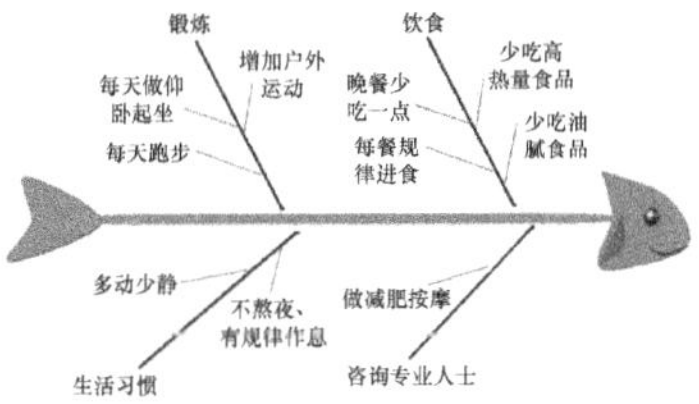 锻炼　每天做仰卧起坐　增加户外运动　每天跑步　饮食　晚餐少吃一点　少吃高热量食品　每餐规律进食　少吃油腻食品　多动少静　不熬夜、有规律作息　生活习惯　做减肥按摩　咨询专业人士 4. 教师巡回指导、总结评价	1. 学生接收任务，根据教师讲解的鱼骨图绘制方法，以“小A减肥”为例，采用小组讨论、头脑风暴等方法，完成减肥鱼骨图的绘制 2. 以小组为单位，选派代表上台展示成果 3. 各组投票选出两个优胜组，给予加星奖励	选用通俗易懂的减肥案例，学生更加容易开展小组讨论、头脑风暴，让学生在轻松愉悦的氛围中掌握因果分析法常用的鱼骨图工具的绘制过程
	环节四：制作“考勤”数据透视表（38分钟）	1. 教师发布学习任务： 小红是工商管理系学生会干事，她负责晚自习各班学生出勤的检查与统计工作。小红需要将某晚自习考勤表按规定格式提交。她选择使用数据透视表来完成，将所需要的信息一目了然地呈现给分管老师。假设你是小红，请完成这项工作 2. 教师演示如何利用Excel进行数据分析 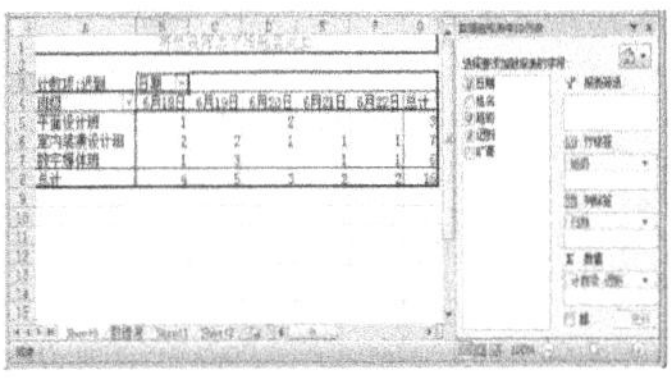	1. 学生认真听教师的讲解 2. 根据学习任务，使用Excel数据透视表功能，完成某周晚自习考勤表的制作，通过极域电子教室上传给教师	选取与学生实际应用相关的任务，开展教学活动，既提升学习兴趣，又培养计算机处理信息的能力

续表

<table>
<tr><th colspan="2">教学环节(时间)</th><th>教师活动</th><th>学生活动</th><th>设计意图</th></tr>
<tr><td>课中</td><td>环节五：教学小结(12 分钟)</td><td>1. 教师安排学生利用“三人轮值”法，引导学生自主总结本节课的知识点
2. 课堂小结</td><td>1. 学生按要求轮流复述、倾听本节课的知识点，巩固本节课所学知识点
2. 教师小结，布置课后作业</td><td>让学生分角色进行课堂知识点小结，巩固所学知识，培养学生的归纳总结能力、沟通表达能力</td></tr>
<tr><td>课后</td><td>知识拓展</td><td>完成课后作业</td><td>1. 完成学生学习记录表
2. 以小组为单位完成任务：教材第 103 页实训活动</td><td>学生练习分析信息</td></tr>
<tr><td>学业评价</td><td colspan="4">学生学习过程记录表
<table>
<tr><td>组别</td><td></td><td>姓名</td><td></td></tr>
<tr><td>学习任务名</td><td>处理信息</td><td>学习环节</td><td>分析信息</td></tr>
<tr><td>学习活动</td><td colspan="3">思考与启示</td></tr>
<tr><td>以减肥为主题绘制鱼骨图</td><td colspan="3"></td></tr>
<tr><td>制作考勤数据透视表</td><td colspan="3"></td></tr>
<tr><td>学习内容</td><td colspan="3">学习记录</td></tr>
<tr><td>什么是类比分析法</td><td colspan="3"></td></tr>
<tr><td>绘制鱼骨图的步骤</td><td colspan="3"></td></tr>
<tr><td>如何利用 Excel 进行数据分析</td><td colspan="3"></td></tr>
</table>
</td></tr>
</table>

第四单元　综合探究实践活动

综合探究实践活动一　走进信息时代教学设计

<table>
<tr><td>教学单元/课</td><td colspan="3">第四单元　综合探究实践活动一　走进信息时代</td><td>授课教师</td><td>杨琼</td></tr>
<tr><td rowspan="2">教学对象</td><td colspan="2">授课专业</td><td>授课班级</td><td>学生人数</td><td>课时</td><td>2（90 分钟）</td></tr>
<tr><td colspan="2">机械专业</td><td>中级班一年级</td><td>40 人</td><td>总课时</td><td>40</td></tr>
<tr><td>教学资源</td><td colspan="6">电脑、白纸、手机（相机）、QQ 群、微信群等</td></tr>
<tr><td rowspan="2">教学内容分析</td><td>教学内容</td><td colspan="5">综合探究实践活动一　走进信息时代</td></tr>
<tr><td>地位与作用</td><td colspan="5">本单元以前三个单元所学知识和技能为基础，通过综合拓展活动来提高学生的信息素养，锻炼学生在实践中的信息检索能力和信息辨别能力，在实践活动中激发学生潜能，培养其团队合作精神，增强合作意识</td></tr>
<tr><td>学情分析</td><td colspan="6">该班级男同学占比高，学生思维比较活跃，有积极参与活动的主动性。学生已经学完了本教材前三个单元的内容，掌握了信息的基础知识以及检索能力，具备一定的信息判断和分析能力。平时班级很少有团队合作的项目实践，因此学生在合作意识以及沟通交流的技巧上还需要不断提高</td></tr>
<tr><td>活动目标</td><td colspan="6">1. 了解现代信息传播的主要方式，能正确利用媒体，学会选择信息，学会有目的地收集和处理信息，体悟信息收获
2. 通过实践活动养成留心收集和处理信息的好习惯，增强团队意识和与人交流协作的能力
3. 能在实践活动中了解社会动向，体察时代变迁</td></tr>
<tr><td rowspan="2">教学重难点</td><td>教学重点</td><td colspan="5">基于活动要求收集、选择信息</td></tr>
<tr><td>教学难点</td><td colspan="5">组内合理分工，提高信息检索和处理效率</td></tr>
<tr><td>教学方法</td><td colspan="6">活动探究法、成果展示法、卡片法、任务驱动法</td></tr>
</table>

续表

<table>
<tr><th colspan="5">教学过程</th></tr>
<tr><th colspan="2">教学环节(时间)</th><th>教师活动</th><th>学生活动</th><th>设计意图</th></tr>
<tr><td>课前</td><td>自主学习（2天）</td><td>组织学生分组和自学。在QQ群发布学生学习任务，要求学生在微信群里汇报准备情况，并完成以下事项：
1. 学生自主完成分组，各小组确定组员和组长，创建小组交流群
2. 各小组完成主题选择，确定提交形式
3. 各小组完成活动分工，做好分工表
4. 各小组确定汇报人名单，完成汇报方案制作</td><td>学生在QQ群接收任务，并在微信群提问发言
1. 在规定时间内把小组成员及组长名单上传至群共享
2. 在规定时间内把主题选择以及各小组成果提交形式汇报在群里
3. 在规定时间内上传分工表至群共享
4. 在规定时间内把汇报人名单上传至群共享</td><td>培养学生自主学习的习惯，通过课前学习为课中翻转课堂做准备</td></tr>
<tr><td rowspan="2">课中</td><td>环节一：活动背景介绍（5分钟）</td><td>1. 教师带领学生回顾前三个单元知识要点
2. 介绍本次活动背景：21世纪，社会已进入信息爆炸的时代，信息与人的学习、生活息息相关。因此，综合实践活动应顺应信息社会发展的需要，培养我们的信息素质，适应终身教育的需要，不断开拓进取，成为不落后于时代的新一代。因此，要积极参与本次综合实践活动，抓紧提升自身信息检索与处理能力
3. 选定活动主持人</td><td>回顾已学知识，了解活动意义和背景</td><td>本单元实践活动是前三个单元知识的综合运用，回顾已学知识有利于学生在本次活动中抓住主旨</td></tr>
<tr><td>环节二：公布各小组分工（5分钟）</td><td>教师通过PPT展现课前学生提交的群共享资料，并把整理后打印出来的各小组分工名单以及主题选择和提交形式分发给各小组</td><td>按小组就座。再次确认成员名单、主题选择及提交形式</td><td>通过分工，提高学生的责任感</td></tr>
</table>

续表

教学环节(时间)		教师活动	学生活动	设计意图
课中	环节三：制订汇报方案（35 分钟）	1. 组织各小组分别制订本组方案，分发大白纸给各组 2. 教师提示： （1）参见教材第 108 页表格，在大白纸上绘制表格，并按照书上提示完成汇报表设计 （2）强调采访员采访要点、调查员注意事项、记录员岗位职责、摄影师责任担当、资料整理员的综合素养等要求 （3）提示活动计划必须写清楚时间、内容和形式 （4）提示研究方法和成果展示必须符合小组研究内容 （5）要求小组长负责整个过程的监督和打分 （6）督促小组成员完成各项工作后，与其他组员进行讨论 （7）通过协作和相互监督，小组长完成最终审核，教师巡回指导	1. 学生接收任务，根据教师提示以及要求，完成小组合作讨论 2. 小组长督促各成员分工完成任务，并给组员的态度打分 3. 在教师巡回指导下，小组完成方案制定以及修正 4. 小组长审核本组方案	通过任务布置，让学生在整个方案制作过程中增强协作意识，并且培养学生的责任意识
	环节四：完成汇报展示（35 分钟）	1. 请主持人结合多媒体课件回顾班级进行本次活动的一切准备活动 2. 组织各小组负责人上台完成展示汇报 3. 每一小组汇报完后教师及时完成活动点评 4. 在活动过程中完成各项目的打分	1. 小组长上台汇报，并由组员补充 2. 根据教师点评完成方案修改	通过汇报活动，锻炼学生的表达能力，提高学生学习兴趣，培养学生解决问题的能力
	环节五：活动小结（10 分钟）	1. 引导各小组成员主动发言，阐述自己在本次活动中的收获 2. 完成整个活动的点评 3. 选取优秀汇报成果，组织学生在班级园地公布	阐述自己对本次活动的理解和收获	培养学生的归纳总结能力、沟通表达能力，避免少部分学生消极参与活动的问题
课后	知识拓展（不限时间）	布置作业： 完成信息时代的未来设计图	上网收集相关资料，完成设计图	拓展学生思维

综合探究实践活动二　探究低碳生活教学设计

<table>
<tr><td>教学单元/课</td><td colspan="3">第四单元　综合探究实践活动二　探究低碳生活</td><td>授课教师</td><td>杨琼</td></tr>
<tr><td rowspan="2">教学对象</td><td>授课专业</td><td>授课班级</td><td>学生人数</td><td>课时</td><td>4（180 分钟）</td></tr>
<tr><td>机械专业</td><td>中级班一年级</td><td>40 人</td><td>总课时</td><td>40</td></tr>
<tr><td>教学资源</td><td colspan="5">电脑、白纸、手机（相机）、QQ 群、微信群等</td></tr>
<tr><td rowspan="2">教学内容分析</td><td>教学内容</td><td colspan="4">对信息需求分析、信息检索、信息选择和信息判断等技能的综合运用</td></tr>
<tr><td>地位与作用</td><td colspan="4">本课是对前三单元所学知识和技能的巩固和提升。主要通过综合拓展活动来提高学生的信息素养，锻炼学生的信息检索能力和信息辨别能力。本课的背景内容是低碳环保，可让学生在实践中懂得低能耗、低污染、低排放是应对气候变化的主要途径。使学生深入理解实现可持续发展是摆在我们面前一项迫切又长期的任务，事关人类生存环境和发展前途。低碳生活，必须成为人类急需建立的生活方式</td></tr>
<tr><td>学情分析</td><td colspan="5">该班大部分同学具有学习的积极性，但是也有少部分同学存在懒散行为。学生心理相对同龄人要成熟一些，大部分学生家庭条件不错，很多同学对自己的学习目标还不是很明确。该班大部分学生性格比较活跃，语言表达能力较强，但是团队协作能力欠缺，对低碳生活的理解有待提高</td></tr>
<tr><td>活动目标</td><td colspan="5">1. 确定信息需求与来源，明确信息获取途径，进行低碳生活的信息采集与保存，提高信息检索与处理能力
2. 确定信息检索与整理的成果目标，关注地球，关注气候变化，关注人类和谐发展，形成关爱生命的责任心和使命感
3. 培养通过不同途径搜集各类资料的能力，初步具备筛选、整理资料的能力，制作演示文稿来表达信息的能力
4. 通过调查访问等体验性活动，培养沟通交流能力、口语表达能力并增强团结协作的意识
5. 在小组合作中形成协作意识，勇于在自己组内的研究中担当主要角色
6. 感受与他人协作交流、在活动中分享体会的乐趣</td></tr>
<tr><td rowspan="2">教学重难点</td><td>教学重点</td><td colspan="4">综合运用信息需求分析、信息检索、信息判断、信息选择知识与技能</td></tr>
<tr><td>教学难点</td><td colspan="4">小组内合理分工，提高信息检索与处理的效率</td></tr>
<tr><td>教学方法</td><td colspan="5">活动探究法、成果展示法、卡片法、任务驱动法</td></tr>
</table>

续表

教学过程				
教学环节(时间)		教师活动	学生活动	设计意图
课前	自主学习（一周）	在QQ群发布学生学习任务，要求学生在微信群里汇报准备情况 1. 组织学生完成分组，各小组确定组员和组长，创建小组交流群 2. 布置各小组调查任务（每个小组完成一项任务） 任务一 低碳生活是什么：调查什么是低碳生活，什么是碳足迹，什么样的生活方式是低碳生活方式，人们对于低碳生活的理解有什么不同；分析中外对低碳生活的不同认识（采用文献调查法并撰写《低碳生活文献调查报告》） 任务二 设计问卷：进行走访调查，汇总、讨论、分析并撰写《低碳逻辑调查报告》（按吃、穿、住、用、行五方面设计问卷，各小组分别选择一或两个主题进行问卷调查） 任务三 它们从哪里来：调查一件商品的销售生产过程是否低碳，并撰写《××从哪里来调查报告》（采用走访调查和文献调查结合的方式） 任务四 它们到哪里去：调查废品回收中各种垃圾、废品最后的归宿，那些是可回收的，有什么用途，号召垃圾分类，并完成《××到哪里去调查报告》（采用实地调查、文献调查等方法） 任务五 我的低碳出行方案：统计一次全家出行或旅游的碳足迹，了解哪种交通工具碳排放多，学会结合碳排放选择低碳出行方式设计《我的低碳出行方案》 任务六 家庭耗能的碳足迹：调查家庭耗能情况，分析原因制订《我家的节能方案》 3. 组织小组完成活动分工，做好分工表 4. 督促各小组完成活动	学生在QQ群接收任务，并在微信群提问发言： 1. 在规定时间内把小组成员及组长名单上传至群共享 2. 在规定时间内上传分工表以及小组任务单 3. 在规定时间内上传活动成果（某调查报告或某方案）	培养学生自主学习的习惯，通过课前学习为课中翻转课堂做准备

续表

<table>
<tr><th colspan="2">教学环节(时间)</th><th>教师活动</th><th>学生活动</th><th>设计意图</th></tr>
<tr><td rowspan="3">课中</td><td>环节一：低碳生活金点子（45分钟）</td><td>布置任务：
1. 以小组为单位，从吃、穿、住、用、行五方面搜集学习低碳生活建议
（1）吃，食品选择、饮食烹饪方式
（2）穿，着装、洗衣、晾晒、熨烫
（3）住，生活供暖、照明、节水、节电
（4）用，常见生活用品、低碳标志产品
（5）行，出行工具选择、汽车低碳建议
2. 分组讨论，设计出自己的“低碳生活金点子”（分发“××的低碳生活金点子表”并组织填写）
3. 对设计的金点子分类整理，交流学习</td><td>1. 各小组完成资料搜集。组长负责分工监督
2. 小组完成讨论，填写“××的低碳生活金点子表”
3. 完成小组交流，组长上台汇报小组情况</td><td>培养学生团队协作能力，语言交流能力</td></tr>
<tr><td>环节二：创意宣传实践（45分钟）</td><td>布置任务：
1. 各小组完成“低碳生活”创作比赛，形式可以参见教材第112页的要求
2. 小组展示研究成果</td><td>各小组按成员设置分组安排座位。选择自己小组要展示的成果形式，合作完成成果创作。参见教材第112页</td><td>通过分组和分工，提高学生的责任感</td></tr>
<tr><td>环节三：拓展延伸（45分钟）</td><td>布置课外推广活动，要求各小组确定并汇报活动方案：
1. 开展“1+N，家校齐努力”活动，让学生回家进行低碳宣传和实践，使“低碳生活主题活动”走向每一个家庭
2. 组织实践活动成果展览（低碳生活图片、知识等，访问、调查等照片，活动感悟，研究报告等），向社区进行低碳知识的宣传，使学生在参与和体验中成为环保低碳的宣传者、实践者、示范者，让更多的人了解低碳生活，分享活动的快乐
3. 作为低碳生活志愿者，到街头进行宣传，发放《低碳生活倡议书》，用自己的行动影响一批人共同关注地球，关爱生命，践行低碳生活</td><td>1. 接收任务，小组完成活动策划方案制订
2. 小组长督促各组员分工完成任务，并给出态度打分</td><td>让学生在整个方案制订过程中养成协作意识，并且培养学生的责任意识</td></tr>
</table>

续表

教学环节(时间)		教师活动	学生活动	设计意图
课中	环节四：完成小组评比（45分钟）	1. 要求各小组负责人上台完成总结汇报，可以邀请本组组员进行补充汇报 2. 每一小组汇报完后教师及时完成活动点评 3. 完成优秀活动小组评比并颁奖	1. 小组长上台汇报 2. 优秀小组领奖	锻炼学生的表达能力，提高学生学习兴趣，培养学生解决问题的能力
课后	知识拓展(时间不限)	要求学生课后完成本次活动感悟的写作，反思自己在本次活动中的得失	回顾感悟	让学生学会反思

综合探究实践活动三　探究食品安全教学设计

<table>
<tr><td>教学单元/课</td><td colspan="3">第四单元　综合探究实践活动三　探究食品安全</td><td>授课教师</td><td>杨琼</td></tr>
<tr><td rowspan="2">教学对象</td><td colspan="2">授课专业</td><td>授课班级</td><td>学生人数</td><td>课时</td><td>4（180 分钟）</td></tr>
<tr><td colspan="2">广告专业</td><td>中级班一年级</td><td>40 人</td><td>总课时</td><td>40</td></tr>
<tr><td>教学资源</td><td colspan="6">电脑、白纸、手机（相机）、QQ 群、微信群等</td></tr>
<tr><td rowspan="2">教学内容分析</td><td>教学内容</td><td colspan="5">多渠道信息收集、分析的技能</td></tr>
<tr><td>地位与作用</td><td colspan="5">本课对前三单元所学信息收集、分析知识与技能做综合训练和提升，使本模块的学习与处理实际问题之间衔接顺畅</td></tr>
<tr><td>学情分析</td><td colspan="6">该班女生居多，大部分人喜欢吃零食。以食品安全为背景知识易引起学生兴趣，也具有对健康的实际指导价值。学生经过前序内容的学习与训练，已具备一定信息检索与处理能力，但专业性信息检索与处理训练较少</td></tr>
<tr><td>活动目标</td><td colspan="6">1. 通过开展“食品安全”主题活动，全面了解有关食品安全的基础知识，懂得食品安全的重要性
2. 巩固信息收集与处理的方法，提高发现问题、分析问题、解决问题的能力，并且能够撰写出社会实践报告
3. 培养多渠道信息收集的能力，并且学会信息的加工处理和应用
4. 通过分工协作，培养团队合作意识
5. 通过对食品安全问题的探索研究，增强食品安全意识和自我保护意识</td></tr>
<tr><td rowspan="2">教学重难点</td><td>教学重点</td><td colspan="5">专业性（以食品安全为例）信息收集</td></tr>
<tr><td>教学难点</td><td colspan="5">1. 以生鲜食品、烧烤食品、火锅汤料中的不安全因素为例的信息分析
2. 调查表的设计</td></tr>
<tr><td>教学方法</td><td colspan="6">活动探究法、成果展示法、任务驱动法</td></tr>
</table>

续表

教学过程				
教学环节(时间)		教师活动	学生活动	设计意图
课前	自主学习 (2天)	在QQ群发布学生学习任务，要求学生在微信群里汇报准备情况 1. 组织学生完成分组，各小组确定组员和组长，创建小组交流群 2. 组织各小组完成活动分工，做好分工表 3. 布置各小组活动主题： (1) 生鲜食品的安全问题调查 (2) 烧烤食品的安全问题调查 (3) 火锅汤料的安全问题调查	学生在QQ群接收任务，并在微信群提问发言： 1. 在规定时间内把小组成员及组长名单上传至群共享 2. 在规定时间内上传分工表以及本组所选主题	培养学生自主学习的习惯，通过课前学习为课中翻转课堂做准备
课中	环节一：安全常识我知道（45分钟）	1. 分组自由发言，说说对食品安全性的了解 2. 分析“中国有机产品”“绿色食品”“无公害农产品”的标识与食品安全性的关联 3. 各小组确定活动场地（食堂、校外摊点、超市、商场等） 4. 各小组根据所选主题，完成活动方案设计 5. 讨论：什么是安全的食品 6. 设计调查表，掌握表格大体格式，如标题、主要栏目、统计项、调查日期、调查人名等，整理调查的结果，总结调查情况，通过调查表了解对食品安全的认识 7. 制作活动记录袋，要求把活动的目的、内容、方式、过程、体会、感想、收获等记录下来；整理收集到的相关资料	1. 各小组完成讨论 2. 各小组完成对标识的相关信息检索，并且完成阐述稿 3. 完成活动场地的选择讨论 4. 通过小组合作，完成活动方案设计 5. 基于互联网和生活经验总结，完成安全食品的范围和种类概括 6. 完成调查表的设计和填写 7. 由小组记录员负责活动记录 8. 在教师指导下完成对活动方案和安全食品范围和种类概括的修订	培养学生团队协作能力，语言交流能力 培养学生自主学习和探究的能力
	环节二：“呼唤食品安全”讨论会（45分钟）	1. 交代主持人相关事项 2. 以“呼唤绿色健康食品”为主题，开展讨论会，让学生发表自己的看法，具体讨论“呼唤绿色健康食品”的方法，选择写倡议书、建议书、社会实践报告等方式进行呼吁	1. 主持人回顾本次活动的过程 2. 各小组完成讨论，并且派代表发言，表达本小组的看法 3. 小组代表阐述本小组采用的呼吁形式，设想该种形式可能起到的效果，阐述如果达不到预期效果的预案	提高学生的责任感，培养学生的问题探究能力

续表

教学环节(时间)		教师活动	学生活动	设计意图
课中	环节三：活动小结（45分钟）	各小组在个人自我总结、小组总结的基础上，在班级进行总结交流，总结形式可以多种多样，日记、实践活动反思与建议、实践活动总结等均可	1. 学生接收任务，完成小组交流 2. 小组长带领组员完成总结形式的探讨 3. 小组长上台汇报	培养学生的团队合作精神，锻炼学生的语言交流能力
	环节四：小组评比（45分钟）	1. 要求各小组完成自评和互评 2. 对各小组活动表现进行综合评价 3. 完成优秀活动小组评比并颁奖	1. 小组长上台汇报 2. 听取教师综合评价 3. 优秀小组领奖	通过评比和汇报活动，锻炼学生的表达能力，提高学生学习兴趣，培养学生解决问题的能力
课后	知识拓展（时间不限）		录制或记录自己选择安全食品的过程，将视频或文字记录在班级微信公众号上发布	培养学生的表达能力